# ELLE ÉTAIT
# A L'AMBIGU!

COMÉDIE-VAUDEVILLE EN UN ACTE

PAR

## MM. SIRAUDIN et VICTOR BERNARD

Représentée pour la première fois à Paris, sur le théâtre du
Palais-Royal, le 5 avril 1859.

**Prix : 60 centimes**

PARIS
LIBRAIRIE NOUVELLE
Boulevard des Italiens, 15.

A. BOURDILLIAT ET C<sup>ie</sup>, ÉDITEURS

1859

# ELLE ÉTAIT
# A L'AMBIGU !

COMÉDIE-VAUDEVILLE EN UN ACTE

PAR

## MM. SIRAUDIN et VICTOR BERNARD

Représentée pour la première fois à Paris, sur le théâtre du Palais-Royal,
le 5 avril 1859.

---

## PERSONNAGES

| | |
|---|---|
| FONBOUILLANT. . . . . . . . . . . . | MM. ARNAL. |
| MAUCONSEIL . . . . . . . . . . . . | MERCIER. |
| PATOCHARD . . . . . . . . . . . . | AMANT. |
| MADAME MAUCONSEIL (Amélie) . . . | M<sup>lles</sup> JULIETTE PELLETIER. |
| HENRIETTE, sa fille. . . . . . . . . . | VERNET. |

La scène se passe chez Mauconseil.

---

PARIS
### LIBRAIRIE NOUVELLE
BOULEVARD DES ITALIENS, 15

A. BOURDILLIAT ET C<sup>ie</sup>, ÉDITEURS

Représentation, traduction et reproduction réservées.

1859

# ELLE ÉTAIT A L'AMBIGU !

Salon. — Porte au fond. — Pans coupés, portes. — La porte du pan de
droite donne sur un jardin. — Un portrait de femme appendu au mur
de droite. — Un buffet. — Tables. — Chaises. — Armes, panoplies.

## SCÈNE PREMIÈRE

### MADAME MAUCONSEIL, puis HENRIETTE.*

MADAME MAUCONSEIL, entrant vivement par la gauche.

Monsieur Mauconseil... monsieur Mauconseil... Allons...
encore dehors!... comprend-on cela?... un jour comme ce-
lui-ci... où j'ai du monde à dîner... un anniversaire... celui
de mon mariage et celui de ma sœur, Madame Patochard...
Henriette... (Appelant.) Henriette...

HENRIETTE, entrant par la droite.

Me voilà, maman... me voilà.

MADAME MAUCONSEIL.

Où est votre père?... L'avez-vous vu ce matin?

HENRIETTE.

Oui... Il est parti de bonne heure, en me disant qu'il al-
lait faire visite à son nouvel ami... monsieur Fonbouillant.

MADAME MAUCONSEIL.

Encore... toujours ce monsieur... sans cesse... ce Fonbouillant. Savez-vous s'il est allé chez votre oncle Patochard?

HENRIETTE.

Non, maman! Ah!... j'oubliais... il m'a dit qu'il se ren-
drait... à sa société de bienfaisance... vous savez...

MADAME MAUCONSEIL.

Oui... je sais... autre folie... qu'il s'est logée en tête... Il
aspire au prix Monthyon...

HENRIETTE.

Dame!... s'il a fait du bien... s'il a des vertus...

MADAME MAUCONSEIL.

Lui, du bien, lui, des vertus?... C'est ton père, il est
mon mari... je n'en veux rien dire... Mais... brisons là...
Vous savez, Henriette, qu'il y a grand dîner ici aujourd'hui?

* Madame Mauconseil, Henriette.

HENRIETTE.

Oui, maman... Aurons-nous beaucoup de convives?...

MADAME MAUCONSEIL.

Votre oncle Patochard et sa femme, ma sœur Anastasie.

HENRIETTE.

Avec leur fils, mon cousin Frédéric...

MADAME MAUCONSEIL.

Sans doute... sa présence est indispensable...

HENRIETTE.

Ah! et pourquoi?...

MADAME MAUCONSEIL.

Faites donc l'ignorante... Vous savez bien qu'on vous fiance ce soir avec votre cousin... Deux enfants!...

HENRIETTE.

N'ai-je pas dix-huit ans, ma mère!

MADAME MAUCONSEIL.

Oui...

HENRIETTE.

Et mon cousin aussi... n'a-t-il pas dix-huit ans?...

MADAME MAUCONSEIL.

Oui... dix-huit ans... c'est-à-dire... (Elle hésite et s'arrête.)

HENRIETTE.

Là, n'est-ce pas... qu'il a vingt ans passés?... c'est ce que je disais à une de mes amies...

MADAME MAUCONSEIL.

Mademoiselle Henriette... votre fiancé a dix-huit ans, entendez-vous... (à part.) A-t-on vu ces petites filles!... comme s'il fallait tout leur dire...


# SCÈNE II

### LES MÊMES, MAUCONSEIL. *

MAUCONSEIL, pâle et défait, toilette en désordre. — Il entre par le fond.

Ah!... ma femme!... ma fille!... (Il entre.)

MADAME MAUCONSEIL.

Mon mari!... dans quel état!...

MAUCONSEIL.

Ah! ma femme!... ah! ma fille!...

HENRIETTE.

Qu'est-il donc arrivé?

* Madame Mauconseil, Mauconseil, Henriette.

MADAME MAUCONSEIL.

Tu es d'une pâleur...

MAUCONSEIL.

Je le crois bien !... Je viens... de frapper à la porte du trépas... On m'a ouvert et, comme tu le vois, je ne suis pas entré...

MADAME MAUCONSEIL.

Explique-toi donc mieux.

MAUCONSEIL.

Il s'en est fallu d'un millimètre que tu ne fusses veuve... J'en frémis encore... pour toi... Le noir te va si mal...

HENRIETTE.

Mon père !...

MAUCONSEIL.

J'en frémis également... pour toi... Le rose te va si bien.

MADAME MAUCONSEIL.

Quel est ce danger ?... Raconte-nous...

MAUCONSEIL.

Oh ! les journaux du soir seront palpitants, j'achèterai la *Patrie*... Voici ce déplorable fait-Paris. Hier... j'avais reçu de Fonbouillant... tu sais... cet ami intime... que je fréquente depuis huit jours, Fonbouillant, que j'ai connu dans la garde nationale...

MADAME MAUCONSEIL.

Je sais... Va donc !...

MAUCONSEIL.

J'avais donc reçu hier de Fonbouillant une invitation... pour me rendre à Grenelle, afin d'examiner de près sa machine à confectionner des pâtes d'Italie !...

MADAME MAUCONSEIL.

Quelle idée !...

MAUCONSEIL.

Madame !... il faut tout voir, tout subir, tout supporter... quand on aspire.. comme moi, au prix Monthyon.

MADAME MAUCONSEIL.

Enfin !

MAUCONSEIL.

Enfin, je me rends ce matin à Grenelle... escorté de Fonbouillant qui me servait de cornac... J'examine de près, de trop près... une machine d'une force de plusieurs attelages... Tout à coup, Fonbouillant pousse un cri... Je me retourne... Crac !... c'était mon paletot, la basque de mon paletot qui venait de s'engager entre deux énormes cylindres.

MADAME MAUCONSEIL et HENRIETTE.

Ah ! mon Dieu !...

#### MAUCONSEIL

J'étais fortement harponné et j'allais inévitablement... être mis en pâte... J'allais passer à l'état cylindrique de vermicelle quand tout à coup ce courageux Fonbouillant prend une hache et tranche dans le vif...

#### MADAME MAUCONSEIL.

Ciel !...

#### MAUCONSEIL.

C'est-à-dire dans le drap... et j'étais sauvé.

#### MADAME MAUCONSEIL.

Ah !... quelle peur tu m'as faite !

#### MAUCONSEIL.

Il m'a sauvé la vie... mais il a déchiré mon paletot.

#### HENRIETTE.

J'en suis toute tremblante !...

#### MAUCONSEIL.

Et moi donc ?... Je me suis évanoui... Fonbouillant m'a mis en voiture... Et... *(Cherchant.)* Tiens !... où donc est-il ?... il m'accompagnait... avec la basque de mon habit. *(Il cherche.)* Où donc est-il ?... Où donc est-elle ?..

## SCÈNE III

### LES MÊMES, FONBOUILLANT.

FONBOUILLANT, un pan d'habit à la main, entrant par le fond. *

Je suis incapable de vous en faire tort...

#### MAUCONSEIL.

Ah ! Fonbouillant... mon ami, mon sauveur... où étiez-vous donc passé ?...

#### FONBOUILLANT.

Je cherchais de la monnaie pour le fiacre... Je n'avais que de l'or... J'ai été obligé de faire une seconde course pour payer la première...

#### MAUCONSEIL.

Il est très-gai !...

#### FONBOUILLANT, se reprenant.

Ah ! pardon, mesdames !...

#### MAUCONSEIL.

Fonbouillant... je vous présente ma femme...

#### FONBOUILLANT, saluant.

Madame Mauconseil... née Truchelu...

---

* Madame Mauconseil, Henriette, Fonbouillant, Mauconseil.

MAUCONSEIL.

Oui... tiens... vous savez ça ? Amélie Truchelu... tel était son nom de demoiselle!

FONBOUILLANT, à part.

Amélie Truchelu... Mes renseignements étaient exacts...

MAUCONSEIL.

Et ma fille Henriette.

FONBOUILLANT.

Ah! c'est votre fille. (A part.) Sa fille. (Haut.) Dix-huit ans sur les joues... et dans les yeux.

MAUCONSEIL.

En effet... Dix-huit ans et trois mois...

FONBOUILLANT, à part.

Les renseignements continuent à être exacts...

MADAME MAUCONSEIL.

Ah! monsieur... que ne vous devons-nous pas pour l'acte héroïque!... *

FONBOUILLANT.

Oh! héroïque... c'est de l'exagération... Je me suis conduit tout simplement comme un sapeur... j'avais une hache, j'ai sapé votre mari... voilà tout...

MADAME MAUCONSEIL.

Vous avez droit à une reconnaissance éternelle... Avoir conservé un mari à sa femme!...

FONBOUILLANT.

Ah! (A part.) Ça se remplace un mari...

HENRIETTE.

Un père à sa fille.

FONBOUILLANT.

Oh! (A part.) Un père?... Ça n'est pas introuvable!

MAUCONSEIL.

Et mes jours... conservés à moi-même.

FONBOUILLANT, à part.

Ça ne se remplace pas!...

MAUCONSEIL.

Mais... vous restez avec nous... Bah !... vous dînerez ici... en famille... Allez... ma femme, allez, ma fille... qu'on mette les petits plats dans les grands... **

AIR : *Exploits de César.*

C'est jour de fête
Que l'on s'apprête

* Henriette, madame Mauconseil, Fonbouillant, Mauconseil.
** Henriette, madame Mauconseil, Mauconseil, Fonbouillant.

A célébrer ce digne et tendre ami.
Je veux qu'à table,
Convive aimable,
Il trinque encore aux beaux yeux que voici.
C'est mon sauveur, j'en possède la preuve...

FONBOUILLANT.

Votre sauveur ? du tout, c'est le hasard...
Vous me classez ainsi qu'un terre-neuve
Dont la demeure est au mont Saint-Bernard.

ENSEMBLE.

C'est jour de fête, etc.

(Après l'ensemble, madame Mauconseil et Henriette sortent. Mauconseil la conduit jusqu'à la porte de gauche.)

# SCÈNE IV

## MAUCONSEIL, FONBOUILLANT.

FONBOUILLANT, sur le devant de la scène.

C'est particulier !... je ne la remets pas du tout... Elle non plus ne me remet pas !.... Si je m'étais trompé. (Il se retourne et avise le portrait de gauche.) Ah !... ce portrait ! c'est bien elle !... quand elle était jeune fille !... Comme on change !... (Il regarde le portrait. — Mauconseil redescend en scène.) *

MAUCONSEIL.

Ce cher Fonbouillant... Tu permets que je te presse les mains... et que je te tutoie...

FONBOUILLANT.

A votre aise...

MAUCONSEIL

Ah ! tutoie-moi également...

FONBOUILLANT.

Si vous le voulez... je te tutoierai...

MAUCONSEIL.

Merci !... quand je pense que, sans toi... je ne serais à cette heure... qu'une pâte d'Italie... un macaroni... un simple ravioli... Ah ! tu peux compter sur ma reconnaissance. (A part.) Je peux lui dire ça... il est riche !... ça n'engage à rien...

FONBOUILLANT.

C'est bien, Mauconseil, c'est bien ! car jusqu'à ce jour j'avais douté du cœur humain... c'est-à-dire que je considérais l'ingratitude comme la fille adoptive du bienfait... Mauconseil, tu venges la société.

* Mauconseil, Fonbouillant.

MAUCONSEIL.

Je ne songe qu'à cela... à venger la société... Car je peux te dire ça entre nous... je concours pour le prix Monthyon...

FONBOUILLANT.

Bon !...

MAUCONSEIL.

Je suis président d'une société de bienfaisance... J'ai sauvé de la misère et du désespoir... un homme et une femme... dont j'ai fait, l'un mon portier... et l'autre ma domestique...

FONBOUILLANT.

Par économie !

MAUCONSEIL.

Dans trois jours... le conseil va se réunir... et peut-être aurai-je le prix... Quel honneur !...

FONBOUILLANT.

En effet...

MAUCONSEIL.

Ça me posera... et si mon appui... peut te servir... Mais que dis-je ? tu es riche... établi... tu n'as besoin de personne... Ah! pourquoi n'es-tu pas pauvre ou proscrit ?... Tiens! seulement en état de vagabondage...

FONBOUILLANT.

Quoi! vraiment?...

MAUCONSEIL.

Je t'offrirais... l'abri... le pain...

FONBOUILLANT.

Merci, Mauconseil. (Il boutonne son habit, et cache sa chaîne de montre).

MAUCONSEIL, à part.

Je crois m'être montré assez reconnaissant... Heureusement que...

FONBOUILLANT.

Tes élans sont nobles, généreux, et je vais mettre le comble à ton bonheur; déchaîne ta reconnaissance... Mauconseil... je suis ruiné.

MAUCONSEIL.

Ah! bah! (Riant.) Allons, elle est bonne... Tu veux m'éprouver, tu as de l'esprit.

FONBOUILLANT.

J'ai le malheur spirituel, c'est possible !

MAUCONSEIL.

Mais ta chaîne en or ?...

FONBOUILLANT.

Plaqué!

MAUCONSEIL.

Et ta montre?

FONBOUILLANT,

Au clou!

MAUCONSEIL.

Mais cette épingle en brillant?

FONBOUILLANT.

Stras!

MAUCONSEIL.

Mais ton usine à Grenelle?..

FONBOUILLANT.

Faillite!... Je suis ruiné!... perdu!.. Mais je n'ai plus d'inquiétude, je t'ai sauvé la vie... Tu m'offres l'hospitalité dans l'acception la plus écossaise du mot... c'est naturel... c'est logique...

MAUCONSEIL, à part.

Bigre! je n'ai pas assez comprimé les élans de mon cœur!

FONBOUILLANT.

Généreux ami!...

MAUCONSEIL.

Un instant!.. Comme vous y allez!...

FONBOUILLANT.

Tu ne me tutoies plus?... Comment? l'abîme est ouvert sous mes pas... et tu refuses d'y jeter des fascines... Comment? j'ai sauvé tes jours... et tu ne veux pas préserver les miens!... Ah!... les hommes sont des savoyards!...

MAUCONSEIL.

Fonbouillant!... j'ai du cœur... et la preuve... c'est que si une honnête subvention...

FONBOUILLANT.

De l'argent?... fi donc! c'est mesquin!... Au lieu de fouiller dans ton cœur, tu mets les doigts dans ton gilet... Je refuse!...

MAUCONSEIL, à part.

Ah! mais il m'ennuie!

FONBOUILLANT.

Je sais ce qu'il me reste à faire. (Il va à la table et écrit). *

MAUCONSEIL.

Quoi donc?

FONBOUILLANT.

J'envoie une note aux journaux pour les éclairer sur la philanthropie de Mauconseil...

MAUCONSEIL, à part.

Fichtre!... et le prix Monthyon! (Haut) Arrête!...

* Fonbouillant, Mauconseil.

**FONBOUILLANT.**

Je veux qu'on sache...

**MAUCONSEIL.**

Arrête!... Fonbouillant..., j'ai eu tort... Je te logerai, je te nourrirai... et je te blanchirai moi-même...

**FONBOUILLANT.**

A la bonne heure!...

**MAUCONSEIL,** à part.

Quand j'aurai le prix de vertu, je te flanquerai à la porte. (haut). Et d'abord je vais faire préparer ta chambre,... au-dessus de la mienne...

**FONBOUILLANT.**

Très-bien !...

**MAUCONSEIL.**

Ce soir tu dîneras avec Patochard, mon beau-frère, phar-macien à Belleville... Il cause très-bien... En attendant, je me rends à la cave... et je tire de dessous les fagots... du vin de la comète... la dernière...

**FONBOUILLANT.**

C'est ça!... Préparez ma chambre, la meilleure... allez... Donnez-moi du vin... du meilleur... marchez !...

**MAUCONSEIL,** à part.

Du meilleur *marché*... c'est bien comme ça que je l'entends.

**ENSEMBLE.**

Air : *des Trois Loges.*

| **FONBOUILLANT.** | **MAUCONSEIL.** |
|---|---|
| Je vais donc, à mon dîner, | A boire pour son dîner |
| Boire en place de piquette | Il aura de la piquette, |
| De ses vins de la comète | Car c'est un vrai pique-assiette |
| Auxquels je vais m'abonner. | Qui pourrait bien me ruiner. |

**FONBOUILLANT.** [*]

Je vais donc m'installer ici
Près de sa femme, de sa fille ;
Grâce à cet excellent ami
Qui me procure une famille.

**ENSEMBLE,** reprise.

| **FONBOUILLANT.** | **MAUCONSEIL.** |
|---|---|
| Je vais donc, à mon dîner, | Je vais chercher, pour dîner, |
| Boire, en place de piquette | De mon vin de la comète ; |
| De son vin de la comète | Car, je l'ai mis dans ma tête, |
| Auquel je vais m'abonner. | Je ne veux pas me ruiner. |

(Mauconseil sort à droite.)

[*] Mauconseil, Fonbouillant.

## SCENE V

### FONBOUILLANT.

Enfin!... je vais dresser ma tente ici !... Grâce à ma persistance... je me suis fait l'ami de cet homme... (Changeant de ton.) C'était en 1839... on jouait *Gaspardo le pêcheur* à l'Ambigu Comique... La fatalité, ou plutôt l'ouvreuse... non la fatalité... me plaça à côté d'une noce bourgeoise... qui avait cru devoir terminer dans les larmes une joyeuse journée... Je remarquai surtout une brune que j'appellerais piquante... si j'étais sûr de sa nuance... mais le soir... à la sortie du spectacle... il tombait une pluie à ne pas prêter un riflard à son propriétaire... je veux franchir un ravin... et je tombe sur ma brune transformée en naïade... Elle avait perdu la noce!... Je lui offre mon bras... elle accepte... je lui offre un abri et un petit souper fin... chez Truchot... elle refuse!... Après le champagne, je la reconduis chez elle, rue de l'Arcade... nous arrivons : « Chut! me dit-elle, si ma famille!... » et son doigt me désigne l'enseigne d'un magasin où elle pénétra...

AIR : *Que d'établissements nouveaux,*

> Je lus avec attention
> Sur l'enseigne, en gros caractère :
> « Dégraisseur, pour profession,
> » Truchelu, pour propriétaire. »
> Je compris alors ma noirceur,
> Et ma conduite était d'un lâche ;
> Sur le blason du dégraisseur
> Venait d'apparaître une tache.

Le lendemain... je me disposais à rôder autour... du dégraisseur... quand je reçus une lettre qui m'appelait en toute hâte auprès d'un oncle qui avait la goutte... au Canada... et aux jambes. Il n'y avait pas à hésiter. Cet oncle était orné de quarante mille livres de rente... Je partis donc et m'installai garde-malade pendant près de vingt ans... Au bout de ce laps... mon oncle se décida à décéder... J'étais riche... Je revins à Paris... C'est alors que je m'inquiétai de mon inconnue de la rue de l'Arcade. Je pris des informations... J'avais pour guide le nom de son père et son mouchoir marqué A. T. Après quelques fouilles, je découvris qu'un sieur Mauconseil... avait épousé une demoiselle Truchelu Amélie. (Il se tourne vers le portrait.) C'est bien elle ! Et, détail notable, Amélie Truchelu a une fille... Et cette fille a dix-huit ans et trois mois... Juste!... Hein! est-ce clair? Allons... allons! le 10 avril 1839... madame Mauconseil, vous avez vu jouer *Gaspardo le pêcheur.*

## SCÈNE VI

### FONBOUILLANT, HENRIETTE. *

FONBOUILLANT, à part.

Henriette !

HENRIETTE, entrant par la gauche.

Pardon, monsieur, je croyais mon père ici.

FONBOUILLANT.

Il y ét...ait tout à l'heure. (A part.) Qu'allais-je dire ?

HENRIETTE.

Alors, je vais...

FONBOUILLANT, la retenant.

Je vous en prie... restez là... que je vous regarde... un peu... Vous êtes heureuse, ici... n'est-ce pas, mademoiselle ?

HENRIETTE.

Mais, sans doute. (A part.) Il m'intimide !

FONBOUILLANT.

Madame votre mère ?...

HENRIETTE.

M'entoure de soins, de prévenances.

FONBOUILLANT.

Et... votre père ?...

HENRIETTE.

Mais... (A part.) Il m'ennuie ce monsieur.

FONBOUILLANT, à lui-même.

Elle balance, elle hésite, elle est perplexe et indécise, ça se comprend, l'instinct...

HENRIETTE.

Mais... monsieur...

FONBOUILLANT.

Ça me regarde, c'est mon affaire... Vous serez heureuse, très-heureuse, je le veux, il le faut ; quant à votre avenir...

HENRIETTE, entendant la voix de Mauconseil.

Ah ! mon père.

FONBOUILLANT, croyant que cette exclamation est à son adresse.

Elle m'a deviné. (Il tend les bras.) Non... C'est l'autre ! le père frelon !... (Il voit entrer Mauconseil.)

* Henriette, Fonbouillant.

## SCÈNE VII

### FONBOUILLANT, HENRIETTE, MAUCONSEIL, puis MADAME MAUCONSEIL. *

MAUCONSEIL, à Henriette.

Ah! tiens, mon enfant... voici des lettres... auxquelles... il faut répondre, va!... va...

HENRIETTE.

Oui, mon père. (A part, en sortant et désignant Fonbouillant.) Est-il drôle, ce monsieur. (Elle sort à droite.)

MAUCONSEIL, à Fonbouillant.

C'est pour mon affaire... ça marche... je reçois les lettres... les plus flatteuses. J'ai des chances... j'ai des chances!... (Fonbouillant est assis et reste rêveur.)

MADAME MAUCONSEIL, entrant par la gauche. **

Eh bien! mon ami... m'apportes-tu mon bracelet?

MAUCONSEIL.

Quel bracelet?

MADAME MAUCONSEIL.

Pour mon anniversaire.

FONBOUILLANT, se levant.

Hein? Le 10 avril 1839.

MAUCONSEIL.

Oui... Tiens... il sait cela... Ah!... oui, c'est vrai... chère amie... je te l'avais promis... Mais il m'est survenu des dépenses imprévues...

FONBOUILLANT, à part.

Oh! le mari!

MAUCONSEIL.

Me voilà obligé de nourrir monsieur... mon sauveur... de l'habiller, de le chauffer...

MADAME MAUCONSEIL.

Comment, monsieur?

FONBOUILLANT.

Oui... madame... (A part, à madame Mauconseil.) Chut!... Vous l'aurez, votre bracelet.

MADAME MAUCONSEIL.

Hein?

---

* Fonbouillant, Henriette, Mauconseil.
** Fonbouillant, madame Mauconseil, Mauconseil.

MAUCONSEIL.

Quoi ?

FONBOUILLANT.

Rien... je lui glissais un mot de consolation. (Il fait des gestes
à madame Mauconseil.)

MADAME MAUCONSEIL.

Que signifie tout cela ?

FONBOUILLANT, à part.

Vous l'aurez... j'en réponds, allez !...

MADAME MAUCONSEIL, en s'en allant.

Je n'y comprends rien !

AIR : *de l'Elisire d'Amore.*

MADAME MAUCONSEIL.

Quel singulier caractère,
Pourquoi me parler ainsi,
Pourquoi cet air de mystère,
Que se passe-t-il ici ?

FONBOUILLANT.

Oui, cette femme m'est chère !
De son bonheur j'ai souci.
Et je veux dans cette affaire
Lutter contre le mari.

MAUCONSEIL.

Le jour d'un anniversaire
Quoi ! je lui refuse aussi
Le bijou qu'elle préfère ?...
Ce n'est pas d'un bon mari.

(Madame Mauconseil sort par le fond.)


# SCÈNE VIII

## MAUCONSEIL, FONBOUILLANT.

FONBOUILLANT, à part. *

Pauvre femme !... Je veux qu'elle ait son bracelet... dussé-
je le lui faire payer... Tiens ! tiens ! tiens !

MAUCONSEIL.

Qu'as-tu, Fonbouillant ? Tu es sombre comme un entre-
sol.

FONBOUILLANT.

Il ne s'agit pas de cela... Où demeure ton tailleur ?... j'ai
besoin d'effets au porteur.

* Fonbouillant, Mauconseil.

MAUCONSEIL.

Mais...

FONBOUILLANT.

Veux-tu être reconnaissant?

MAUCONSEIL.

Sans doute...

FONBOUILLANT.

Alors, l'adresse du tailleur... Ah! et puis il me faut du linge... As-tu la clef de ton armoire?

MAUCONSEIL.

Mon linge?... Ah! non!

FONBOUILLANT.

Veux-tu être reconnaissant?

MAUCONSEIL.

Sans doute.

FONBOUILLANT.

Alors, donne la clef.

MAUCONSEIL.

Soit... (A part.) Comme j'aimerais à le flanquer à la porte...

FONBOUILLANT.

Ah!... ce soir.. tu me prêteras... ton parapluie... et demain... ta robe de chambre,.. C'est une habitude. (A part.) Suis-je assez mendiant?

MAUCONSEIL.

Est-ce tout?

FONBOUILLANT.

Oui... Ah! non... non!... Je ne te cache pas que si cinq cents francs... m'étaient comptés... j'y prendrais un plaisir extrême...

MAUCONSEIL.

Cinq cents francs!... (A part.) C'est un filou!

FONBOUILLANT

Tu vas comprendre... J'ai eu l'imprudence de souscrire une lettre de change, et à l'heure qu'il est, mon collet est menacé.

MAUCONSEIL.

Ah çà! voyons.

FONBOUILLANT.

Et tu ne voudrais pas que l'homme qui t'a sauvé la vie... qui t'a arraché à un laminage certain... fût incarséré à Clichy?...

MAUCONSEIL.

Ma foi, si!...

FONBOUILLANT.

Hein ?...

MAUCONSEIL.

Non !... Si !...

FONBOUILLANT.

C'est bien ! la presse va gémir... les journaux vont retentir...

MAUCONSEIL.

Arrête !... Tiens !... (Il fouille dans son portefeuille et lui donne un billet.)

FONBOUILLANT.

Ah ! tu t'exécutes ?

MAUCONSEIL.

Es-tu content ?... Suis-je assez dépouillé... Veux-tu mon gilet... ma montre... Il y a des sauvages qui prennent les chevelures aux voyageurs... Veux-tu ma chevelure ?

FONBOUILLANT.

La mienne me suffit, merci !... Mais un mot encore... Tu as une fille... Henriette ?...

MAUCONSEIL.

Je devine... Tu la trouves gentille ?

FONBOUILLANT.

Oh ! oui ! (A part.) Elle ne lui ressemble pas !

MAUCONSEIL.

Et tu l'aimes ?

FONBOUILLANT.

Oh ! oui !

MAUCONSEIL.

Et tu viens me demander sa main ?

FONBOUILLANT.

Eh bien, oui !

MAUCONSEIL.

Pour toi ?

FONBOUILLANT.

Oh ! non... mais je songe à l'établir. Je rêve un avenir pour elle... et comme je tiens à y semer quelques roses... je veux lui donner un mari...

MAUCONSEIL.

De son choix ?

FONBOUILLANT.

Non... du mien.

MAUCONSEIL.

Ah ! mais non ! ah ! mais non ! ces choses-là ne te regardent pas !... D'ailleurs, j'ai déjà un gendre !

FONBOUILLANT.

Qui ça ?

MAUCONSEIL.

Mon neveu.... Frédéric Patochard... élève en pharmacie.

FONBOUILLANT.

Un apothicaire... fi donc !... J'ai des vues plus élevées !

MAUCONSEIL.

Mais j'ai promis.

FONBOUILLANT.

Avant l'accident... mais, grâce à moi, tu commences une nouvelle vie, bravo ! tu es un autre homme, bien ! tu entres dans une autre peau... très-bien ! Tu ne dois rien au passé... Tu dois tout à l'avenir... Va, va, je te trouverai un gendre de première classe...

Air : des Erreurs du bel âge.

Pour mieux choisir, il faut savoir attendre,
Et c'est à moi de te chercher un gendre,
　　J'y tiens beaucoup !
　　Je veux, surtout,
Qu'il soit, enfin, tout à fait à mon goût !

—

Ah ! bientôt, nous réussirons, je l'espère,
D'Henriette il nous faut diriger la foi ;
Je prétends, moi, me montrer son second père ;
Le premier, c'est toi qui l'es,... de par la loi !

MAUCONSEIL.

Oui, je suis, moi, père, je crol...

FONBOUILLANT.

　　Oui, je suis, moi,
　　Père, je croi,
Et, quant à toi, tu l'es de par la loi !
Pour mieux choisir, etc.

MAUCONSEIL.

Pour mieux choisir, il veut me faire attendre !
Quoi ! c'est à lui de me trouver un gendre ?
　　Et, c'est beaucoup,
　　Il veut surtout,
Qu'il soit, enfin, tout à fait à son goût.
　　Et c'est beaucoup, etc.

FONBOUILLANT.

J'y tiens beaucoup, etc.

(Fonbouillant sort par le fond.)

2.

## SCÈNE IX

### MAUCONSEIL, puis MADAME MAUCONSEIL et PATOCHARD.

MAUCONSEIL.

Diable ! il me gêne... cet homme !... il a des raisonne-
ments plus captieux que solides sur les devoirs de la reconnaissance... si je pouvais...

MADAME MAUCONSEIL, entrant par la droite. *

Entrez donc, beau-frère.

MAUCONSEIL.

Ah !... Patochard !... Et ta femme ?...

PATOCHARD.

Cette chère Anastasie !... Elle ne viendra qu'à l'heure du
dîner... moi je suis parti devant... mille courses à faire...
des acquisitions... Ah !... dis-moi... si, dans tes prome-
nades tu passes devant mon imprimeur, tu sais, passage du
Caire... commande-moi donc des étiquettes pour mes bo-
caux !... voilà les modèles...

MAUCONSEIL.

Ça n'est pas pressé ?

PATOCHARD.

Non... demain ou après... Ah ! dis-moi... on parlera à
dîner du mariage de nos enfants...

MAUCONSEIL, à part.

Bon ! (Haut.) Oh ! nous avons le temps !...

PATOCHARD.

Du tout ! du tout !... Ta fille a dix-huit ans... c'est l'âge !
mon fils... a... (s'arrêtant.) Tiens ! j'ai ses papiers, acte de
naissance, etc... Je vais m'occuper des bans...

MAUCONSEIL.

Eh bien, non !... il y a un obstacle, là !...

MADAME MAUCONSEIL.

Un obstacle !...

MAUCONSEIL.

Fonbouillant !... il a d'autres vues sur ma fille.

PATOCHARD.

Comment !... un étranger !...

MAUCONSEIL.

Il m'a sauvé la vie... je suis reconnaissant !

* Mauconseil, Patochard, madame Mauconseil.

PATOCHARD.

Donne-lui une récompense... médiocre, et mets-le à la porte... Tiens, dernièrement un Auvergnat a repêché ma levrette qui se noyait, je lui ai donné cent sous...

MAUCONSEIL.

Ce n'est pas la même chose !... c'est une dette que j'ai contractée...

PATOCHARD.

Si c'est une dette, il faut l'acquitter, n'importe comment... mais pas aux dépens de ta fille !... sois reconnaissant si tu veux, mais sois père avant tout !...

MADAME MAUCONSEIL.

Il a raison !...

MAUCONSEIL.

Tu as raison !

PATOCHARD.

Je vais m'occuper du premier ban.

AIR : *des Mousquetaires.*

Il faut mon cher beau-frère,
Qu'on suive ici la loi ;
Montre du caractère,
C'est un devoir pour toi !

MADAME MAUCONSEIL.

Écoute mon beau-frère,
Fais respecter la loi ;
Montre du caractère,
C'est un devoir pour toi !

MAUCONSEIL.

Je dois, comme un bon père,
Oui, tout m'en fait la loi,
Montrer du caractère :
C'est un devoir pour moi !

(Après l'ensemble madame Mauconseil et Patochard sortent par le fond.)


# SCÈNE X

## MAUCONSEIL, seul,

Il a raison !... Il faut m'acquitter !... m'acquitter, mais comment? Lui rendre un service? ce n'est pas assez. . lui... (S'arrêtant.) Eh ! pardieu !... j'ai mon affaire !... Lui sauver la vie... je paye la dette du sang, je lui rends la monnaie de sa pièce... nous sommes manche à manche... et... oui, mais comment faire? J'ai besoin de l'exposer à un grand danger... Si je mettais le feu à ses rideaux cette nuit...

non, je ne suis pas assuré... Si je le confiais à un cocher...
soudoyé par moi... les chevaux s'emportent... je me jette
à la tête des chevaux... les chevaux m'écrasent... Non !...
autre chose !... ah !... quelle idée !.. c'est cela...

## SCÈNE XI

### MAUCONSEIL, MADAME MAUCONSEIL.

MADAME MAUCONSEIL. (Elle entre vivement par la droite.)*
Expliquez-moi donc, mon ami...

MAUCONSEIL.
Plus tard... je n'ai pas le temps.

MADAME MAUCONSEIL.
Mais ce monsieur Fonbouillant...

MAUCONSEIL.
Fonbouillant, dis-tu ?... où est-il ?

MADAME MAUCONSEIL.
Là, dans le jardin... près du bassin... il regarde les poissons rouges !

MAUCONSEIL.
Près du bassin !... c'est le ciel qui l'a conduit là !...

MADAME MAUCONSEIL.
Mais laisse-moi donc achever...

MAUCONSEIL.
Non... j'ai autre chose à faire !... (Avec exaltation). Ah ! il
aime les poissons rouges... je vais lui faire admirer les
miens de très-près... Adieu, adieu, je suis à toi ! (Il sort vivement par la droite.)

## SCÈNE XII

### MADAME MAUCONSEIL, puis PATOCHARD.

MADAME MAUCONSEIL.
Ah çà ! qu'ont-ils donc tous aujourd'hui ? Mon mari,
d'un côté, qui semble d'une impatience... et ce monsieur
Fonbouillant... qui, tout à l'heure, dans le jardin... a couru
après moi pour me donner ceci, en me disant : silence et
bracelet !... (Ouvrant.) En effet... un bracelet avec un billet...
voyons. (Elle lit.) « Pour vous, que je porte dans mon
cœur ! » (Parlé.) Que signifie... ce monsieur Fonbouillant,

---

* Mauconseil, madame Mauconseil.

aurait-il l'audace, l'impertinence!... (Entre Patochard par le fond, madame Mauconseil cache vivement le bracelet.) *

PATOCHARD.

Je viens de voir mon fils... il brûle de vous embrasser... car, je me suis bien gardé de lui dire que Mauconseil avait regimbé un instant.

MADAME MAUCONSEIL.

Bah!... une simple lubie!...

PATOCHARD.

C'est que je tiens beaucoup à ce mariage... d'abord, c'est l'idée fixe de ma femme...

MADAME MAUCONSEIL.

Mais, puisque mon mari consent... vous l'avez entendu...

PATOCHARD.

Oui... mais, il est capable de se dédire... une girouette pareille!... Je connais Mauconseil... ce n'est pas des nerfs qu'il a, c'est de l'orgeat... ce n'est pas un homme, c'est une chiffe! (on entend du bruit.)

MADAME MAUCONSEIL.

Un cr!!... mais, qu'est ce donc?

## SCÈNE XIII

### Les Mêmes, MAUCONSEIL, FONBOUILLANT.

PATOCHARD.

Qu'y-a-t-il? Mais, c'est la voix de Mauconseil!

MADAME MAUCONSEIL.

Non, c'est celle de monsieur Fonbouillant!... Serait-il arrivé un nouvel accident à mon mari?

MAUCONSEIL, entrant par la droite. **

Ce n'est rien... rassurez-vous... c'est Fonbouillant qui a failli tomber dans le grand bassin.

FONBOUILLANT. entrant.

Je le crois bien... tu m'as poussé...

MAUCONSEIL.

Moi! (A part.) Oui, je t'ai poussé!

FONBOUILLANT.

Mais en me retournant...

MAUCONSEIL.

Tu m'as poussé, à ton tour...

* Madame Mauconseil, Patochard.
** Mauconseil, Fonbouillant, madame Mauconseil, Patochard.

FONBOUILLANT.

Sans le vouloir, et je t'ai retenu... Hé, hé !... il a l'air profond ce bassin... et sans moi... tu aurais pu courir un danger assez... humide... je t'ai resauvé la vie !...

MAUCONSEIL, à part.

Pas de chance...

MADAME MAUCONSEIL.

Mais que je vous présente... mon beau-frère... *

MAUCONSEIL.

Monsieur Patochard.

PATOCHARD.

Tout à votre service.

FONBOUILLANT.

Merci. (A part.) Il ne me revient pas, ce droguiste...

MAUCONSEIL.

C'est le père du jeune Frédéric...

FONBOUILLANT.

Ah ! monsieur !... sans doute l'alliance d'un pharmacien n'a rien de déshonorant.

PATOCHARD.

Je le crois bien !...

FONBOUILLANT.

Au contraire ! mais c'est ce satané Mauconseil qui a des préjugés...

MAUCONSEIL.

Hein ! moi...

FONBOUILLANT.

Il me le disait encore ce matin... c'est fâcheux ! qui dit pharmacien dit apothicaire...

PATOCHARD.

Comment, Mauconseil...

FONBOUILLANT.

Il me chantait même un refrain de sa jeunesse... sur l'air du *Solitaire*. Tu sais. (Il fredonne.)

> Qu'est-c' qui de la nature
> Connaît l' mieux les secrets,
> Et qui de la figure
> Observ' le moins les traits :
> C'est l'apo...

PATOCHARD.

C'est une horreur... Monsieur.

* Mauconseil, Fonbouillant, Patochard, madame Mauconseil.

FONBOUILLANT.

Mauconseil ne veut rien entendre. C'est un roc.

MAUCONSEIL.

Comment!... moi?...

FONBOUILLANT.

Il me l'affirmait tout à l'heure au jardin... sur le bord du bassin.

PATOCHARD.

Alors...

FONBOUILLANT.

Cette union n'aura pas lieu, c'est arrangé... (à Mauconseil) L'affaire est arrangée... Le mariage est manqué !

Air : Quadrille de *la Reine de Chypre.*

ENSEMBLE.

PATOCHARD.

Eh quoi ! se conduire ainsi ?
C'est vraiment une infamie !
Non, je ne veux de ma vie
Remettre les pieds ici.

FONBOUILLANT.

Je m'en débarrasse ainsi,
Grâce à cette calomnie,
Il ne voudra de sa vie
Remettre les pieds ici.

MAUCONSEIL.

Me faire parler ainsi,
C'est vraiment une infamie,
Et de cette calomnie
Je suis encore tout saisi.

MADAME MAUCONSEIL.

Oui, grâces à mon mari,
Grâce à cette calomnie,
Mon beau-frère de sa vie
Ne mettra les pieds ici.

(Patochard sort furieux avec madame Mauconseil, par le fond.)

## SCÉNE XIV

## FONBOUILLANT, MAUCONSEIL.

FONBOUILLANT. *

Mauconseil, je suis content... tu as eu du caractère...

MAUCONSEIL.

Moi ! j'ai eu... je le crois bien... tu m'empêches de parler...

* Fonbouillant, Mauconseil.

FONBOUILLANT.

Voyons... à quelle heure dîne-t-on ici ?...

MAUCONSEIL.

A cinq heures.

FONBOUILLANT.

J'aime à croire qu'il entre dans tes habitudes de prendre le madère ou l'absinthe, comme prologue !...

MAUCONSEIL.

Allons !... exécutons-nous ! tu veux du madère... (Lui montrant sur les tablettes d'une armoire à gauche, des bouteilles.) Tiens, en voilà !... prends !... pille !... dépouille-moi !

FONBOUILLANT, qui a pris une bouteille et deux verres, les déposant sur la table à gauche, à part.

Ce cher Mauconseil, s'il pouvait m'envoyer au diable !...
(Il verse dans les deux verres et passe à droite avec un verre à la main ; il donne l'autre à Mauconseil).

MAUCONSEIL.

Ce ne sont pas des verres à madère !

FONBOUILLANT.

C'est égal !... celui-là me suffit !

MAUCONSEIL, allant prendre l'autre verre, à part. *

Oh ! quelle idée !... une étiquette à mon beau-frère !... c'est cela ! (Il la colle très-vivement sur la bouteille. Haut, au moment où Fonbouillant est sur le point de boire :) Attends-moi ! il faut porter un toast !

FONBOUILLANT.

A la santé d'Amélie Truchelu !

MAUCONSEIL, il le guette.

A la santé...

FONBOUILLANT.

Et de sa fille... (Ils trinquent.)

MAUCONSEIL, arrêtant vivement son bras.

Malheureux !

FONBOUILLANT.

Quoi donc ?

MAUCONSEIL, désignant l'étiquette.

Regarde !...

FONBOUILLANT, lisant.

Laudanum...

MAUCONSEIL.

Tu t'es trompé de bouteille ! et un plein verre... une seconde de plus et tu tombais raide mort...

_______

* Mauconseil, Fonbouillant.

FONBOUILLANT.

Fichtre !... j'en ai la chair de poule...

MAUCONSEIL.

Sans moi...

FONBOUILLANT.

Tu m'as sauvé la vie... je le reconnais.

MAUCONSEIL.

Il le reconnaît... je ne le lui fais pas dire... enfin...

Il va prendre le chapeau de Fonbouillant et le lui donne.

FONBOUILLANT.

Merci, je n'ai pas froid...

MAUCONSEIL.

Prenez toujours... Maintenant sachez que je ne vous présenterai pas à mon tailleur, que vous n'entrerez ni dans mes bottes... ni dans ma robe de chambre... entendez-vous!...

FONBOUILLANT.

Qu'est-ce qu'il a !... comment, Mauconseil, quand tout à l'heure... tu m'as dit...

MAUCONSEIL.

Ne me tutoyez plus...

FONBOUILLANT.

Quel est donc ce logogriphe ?

MAUCONSEIL.

Je viens de vous sauver la vie.

FONBOUILLANT.

C'est incontestable !

MAUCONSEIL.

Alors nous sommes quittes... vous n'êtes plus mon créancier... et je vous intime l'ordre de filer...

FONBOUILLANT.

Cependant...

MAUCONSEIL.

Vous ai-je sauvé la vie ?

FONBOUILLANT.

Sans doute...

MAUCONSEIL.

Alors je rentre dans ma liberté... je recouvre mon indépendance et ma fille épousera le jeune Patochard. (Allant à la porte de droite.) Patochard ! je te rends ma parole. Il n'est pas là .. ça ne fait rien...

FONBOUILLANT, à part.

Bigre !... je suis refait !...

MAUCONSEIL.

Hé bien !... vous ne sortez pas...

FONBOUILLANT, *remontant.*

Je sors...

MAUCONSEIL.

Ah ! enfin...

FONBOUILLANT, *revenant.* *

Eh bien !... non...

MAUCONSEIL.

Hein ?

FONBOUILLANT.

Comment, sublime Mauconseil, vous venez de m'arracher à une mort certaine... et vous voulez que je m'éloigne ?... Que non pas! que non pas!

MAUCONSEIL.

Que dit-il ?

FONBOUILLANT.

Mais cette vie que tu m'as sauvée, je te la consacre...

MAUCONSEIL.

Ah! mais non!...

FONBOUILLANT.

Te quitter... le pourrais-je?... Et mes remords!... Non... je m'installe ici... de plus belle... Je veillerai sur toi... sur ta femme... sur ta fille... Je deviens ton homme-lige... ton serf...

MAUCONSEIL.

Cependant...

FONBOUILLANT.

Je me soude à tes pas... nous vivrons comme les frères siamois... Te quitter ?...

Air : *Patrie, honneur...*

Non! près de toi, je demeure accroché
Comme le lierre à l'ormeau qu'il enlace !
Ton avenir au mien est attaché ;
Ah! ne crois pas que jamais je me lasse !
Mon rêve à moi, le plus cher de mes vœux,
C'est d'être là pour te fermer les yeux!
Oui, comme ami fidèle et généreux,
Je tiens beaucoup à te fermer les yeux !

Voilà comme j'entends la reconnaissance, moi!

MAUCONSEIL.

Sans doute... c'est très-joli, tout ça... mais je ne suis pas obligé de te nourrir... de te loger... etc., etc.

FONBOUILLANT.

C'est juste...

* Fonbouillant, Mauconseil.

MAUCONSEIL.

D'autant que je suis un peu gêné...

FONBOUILLANT.

Qu'ai-je entendu!

MAUCONSEIL, à part.

Ça le contrarie...

FONBOUILLANT.

Tu es gêné!... Mais j'en remercie les dieux!... Tu es dans la misère!.. quel bonheur!... Mais je suis riche, moi... très-riche... Ce matin, je voulais éprouver ton cœur. Je mets ma fortune à tes pieds. Veux-tu de l'or? tends les deux mains..

MAUCONSEIL.

Ah! bah!...

FONBOUILLANT, ouvrant un portefeuille.

Tiens, puise!...

MAUCONSEIL.

C'est ma foi vrai!

FONBOUILLANT.

Ta fille n'a qu'une faible dot... je lui donne cinquante mille francs... Conduis-moi chez un notaire...

MAUCONSEIL, l'embrassant.

Ce cher Fonbouillant!...

FONBOUILLANT.

Un notaire!... Où y a-t-il un notaire?...

MAUCONSEIL.

Du tout... je ne veux pas abuser... Il y en a un là, en face!...

FONBOUILLANT.

Bien!...

MAUCONSEIL.

Numéro quatre!

FONBOUILLANT.

J'y cours!... (Il sort par le fond.)

## SCÈNE XV

## MAUCONSEIL, MADAME MAUCONSEIL.

MAUCONSEIL.

Comme j'ai bien fait de lui sauver la vie... Quel cœur, ce Fonbouillant... Et moi qui voulais l'exiler de mes lares... Ah! ma femme, quel bonheur!

MADAME MAUCONSEIL, entrant par la gauche.

Il est parti?...

MAUCONSEIL.

Oui, mais il va revenir... Il reste... et malheur à qui toucherait à un cheveu de sa tête.

MADAME MAUCONSEIL.

Que signifie ?...

MAUCONSEIL.

C'est une âme d'élite... une nature des temps antiques... Entoure-le d'égards... de prévenances... je t'en prie...

MADAME MAUCONSEIL.

Comment ! il va rester ici ?...

MAUCONSEIL.

Mais... toujours... Il m'a promis de me fermer les yeux...

MADAME MAUCONSEIL.*

Alors tu es fou...

MAUCONSEIL.

De joie, c'est probable...

MADAME MAUCONSEIL.

Mais, aveugle que tu es, tu ne vois donc pas le motif se-
cret de sa conduite ?...

MAUCONSEIL.

Si... la reconnaissance...

MADAME MAUCONSEIL.

Mais il m'aime, te dis-je, et c'est dans le but de me séduire qu'il s'implante chez nous.

MAUCONSEIL.

Allons donc... et les preuves ?

MADAME MAUCONSEIL.

Tiens !... ce bracelet que tu m'avais refusé, et qu'il s'est empressé de me donner en cachette.

MAUCONSEIL.

Un bracelet n'est pas une preuve... c'est un bibelot, voilà tout...

MADAME MAUCONSEIL.

Ah ! vous trouvez ?... Et ce billet, joint à l'écrin ?

MAUCONSEIL.

Voyons !... (Lisant.) « A vous, que je porte dans mon cœur ! » Ah ! c'est trop fort !...

MADAME MAUCONSEIL.

Que vas-tu faire ? Il faut le chasser...

MAUCONSEIL.

Oui !... avec des armes... comme une bête fauve !...

MADAME MAUCONSEIL.

Un duel !

MAUCONSEIL.

Une scène d'abattoir !... A bientôt !... Fais des vœux pour moi !...

* Madame Mauconseil, Mauconseil.

MADAME MAUCONSEIL, le retenant.

Mais, mon ami !...

MAUCONSEIL, d'un air sombre.

Fais des vœux pour moi !... (Il sort par la gauche.)

MADAME MAUCONSEIL.

Ah ! mon Dieu !... cet homme, ce monsieur Fonbouillant sera cause de quelque malheur !

## SCÈNE XVI

### FONBOUILLANT, MADAME MAUCONSEIL.

FONBOUILLANT, entrant par le fond. *

Elle est seule !... (Il regarde à droite et à gauche avec mystère.) C'est drôle... je suis ému... (Haut.) Madame...

MADAME MAUCONSEIL.

C'est lui !

FONBOUILLANT.

Chut !... Il n'y a personne... je puis enfin vous dire...

MADAME MAUCONSEIL.

C'est inutile, monsieur.

FONBOUILLANT.

Ah !...

MADAME MAUCONSEIL.

Je connais le motif de votre présence ici.

FONBOUILLANT.

Ah ! vous savez ?...

MADAME MAUCONSEIL.

Tout.

FONBOUILLANT, à part.

Elle se rappelle... tant mieux ! ça me met à mon aise... (Haut.) J'en étais sûr, Amélie...

MADAME MAUCONSEIL.

Amélie !... Monsieur, ce langage...

FONBOUILLANT.

Rassurez-vous... aucune oreille ne peut nous entendre...

MADAME MAUCONSEIL.

Il ne s'agit pas...

FONBOUILLANT.

Et du reste... vous pouvez compter sur ma discrétion... je suis galant homme, et je ne dérogerai pas... Oh ! non, Amélie, à Dieu ne plaise que je jette quelques nuages au ciel de votre intérieur.

* Fonbouillant, madame Mauconseil.

MADAME MAUCONSEIL.

Mais, monsieur, je ne comprends pas...

FONBOUILLANT, à part.

Ponctuons les *i*. (Haut.) Le 10 avril 1839, souvenez-vous-en... vous étiez à l'Ambigu...

MADAME MAUCONSEIL.

Oui! (A part.) Le jour de mon mariage !...

FONBOUILLANT.

On jouait *Gaspardo le pêcheur*.

MADAME MAUCONSEIL.

En effet... je me souviens...

FONBOUILLANT, à part.

Je savais bien. (Haut.) A la sortie...

MADAME MAUCONSEIL.

Un temps affreux !...

FONBOUILLANT, à part.

Elle n'a pas oublié un détail. (Haut.) Vous étiez égarée... je vous... recueillis... et vous conduisis rue de l'Arcade.

MADAME MAUCONSEIL.

Mais non... monsieur... c'est faux...

FONBOUILLANT.

Comment, c'est faux...

MADAME MAUCONSEIL.

Sans doute... puisque ce soir-là... je rentrai chez mon mari... rue de Clichy.

FONBOUILLANT.

Comment!.. cette femme brune... cette demoiselle Truchelu...

MADAME MAUCONSEIL.

Ce n'était pas moi...

FONBOUILLANT.

Ce mouchoir marqué A. T. (Il le lui montre.)

MADAME MAUCONSEIL.

Il n'est pas à moi !.. Mais, attendez donc... Ma sœur se mariait aussi le même jour... elle était aussi à l'Ambigu.

FONBOUILLANT.

Ça m'est bien égal, votre sœur... le mouchoir est marqué A. T.

MADAME MAUCONSEIL.

Eh bien ! monsieur... ma sœur s'appelle Anastasie.

FONBOUILLANT.

Ciel... et cette Anastasie Truchelu...

MADAME MAUCONSEIL.

Est aujourd'hui madame Patochard...

FONBOUILLANT.

La femme du pharmacien !

MADAME MAUCONSEIL.

Au surplus... monsieur, que vos souvenirs s'adressent à ma sœur ou à moi... nous n'avons pas à nous en préoccuper. Je n'ai déjà que trop souffert de votre présence en ces lieux... et si...

FONBOUILLANT.

N'achevez pas... je comprends.

MADAME MAUCONSEIL, en s'en allant.

C'est heureux ! Quant à ce bijou, reprenez-le... (Elle lui présente le bracelet.)

FONBOUILLANT.

Il ne vous convient pas ?..

MADAME MAUCONSEIL.

Il ne me convient pas... de l'accepter !

FONBOUILLANT.

Il n'est pas assez riche.

MADAME MAUCONSEIL, saluant.

Monsieur... (Elle sort à droite.)

SCÈNE XVII

FONBOUILLANT.

Comment, depuis ce matin... je me trompais... dans mes instincts de père, et mes entrailles... mes intelligentes entrailles... se sont émues... à tort...

SCÈNE XVIII

FONBOUILLANT, PATOCHARD.

FONBOUILLANT.

Et ce Patochard ?... où est-il ?...

PATOCHARD, accourant par le fond.

Me voilà... je viens...

FONBOUILLANT.

Patochard, écoute-moi !...

PATOCHARD.

Il me tutoie...

* Fonbouillant, Patochard.

FONBOUILLANT.

Oui, je te tutoie... et avec bonheur... Patochard,... ne cherche pas à approfondir mes questions... et réponds-moi... Étais-tu à l'Ambigu le 10 avril 1839 ?...

PATOCHARD.

Le jour de mon mariage... je le crois bien... ce sont de ces détails qu'on n'oublie pas...

FONBOUILLANT.

Très-bien... On jouait *Gasparde le pêcheur*...

PATOCHARD.

C'est, ma foi, vrai... et même que ma femme, qui est sensible, a été très-agitée ce soir-là...

FONBOUILLANT, à part.

C'est elle... (Haut.) Quel âge a ton fils?...

PATOCHARD.

Mais...

FONBOUILLANT.

Quel âge a ton fils ?... Réponds comme un employé de l'état civil...

PATOCHARD, toujours embarrassé.

Dix-huit ans... (A part.) Pourquoi me demande-t-il cela ?...

FONBOUILLANT, à part.

C'est lui... plus de doute !... (Il l'embrasse.) Patochard... je viens m'installer chez toi... je te sauverai la vie... s'il le faut... Viens me présenter à ta femme...

PATOCHARD.

Un instant... mais alors vous consentez au mariage de Frédéric avec Henriette...

FONBOUILLANT.

Un Patochard... épouser une Mauconseil... c'est risqué !... Non, j'ai des vues plus élevées... Je donne à ton fils... Te ressemble-t-il, ton fils ?...

PATOCHARD.

Non !...

FONBOUILLANT, avec force.

Je donne à ton fils cinquante mille francs, mais courons le chercher !... je brûle de l'embrasser...

PATOCHARD.

Il se pourrait... cinquante mille francs !... (Il veut l'embrasser.)

FONBOUILLANT.

Mais viens donc !...

## SCÈNE XIX

LES MÊMES, MAUCONSEIL, puis M<sup>me</sup> MAUCONSEIL et
HENRIETTE.

MAUCONSEIL, entrant par le fond. [*]

Ah! je vous trouve enfin...

M<sup>me</sup> MAUCONSEIL, entrant par la droite.

Qu'y a-t-il encore?...

FONBOUILLANT.

Plus tard,... nous sommes pressés!...

PATOCHARD.

Nous allons chez le notaire!...

MAUCONSEIL.

Tu ne franchiras pas mon seuil. Je les sais par cœur, tes
projets...

FONBOUILLANT.

Mauconseil,... soyez magnanime... Taisez-vous!

MAUCONSEIL.

Comment!... quand tu fais la cour à ma femme!

FONBOUILLANT, criant.

Ah!... je la trouve superbe... celle-là!

MAUCONSEIL.

Qui?... ma femme?...

FONBOUILLANT.

Eh! non, votre supposition... Elle... Tenez,... je vais
vous convaincre... (A M<sup>me</sup> Mauconseil.) [**] Madame, agréez l'as-
surance de ma parfaite indifférence... croyez... que je ne
vous aime pas... que je ne vous ai jamais aimée!... Là...
êtes-vous content?...

MAUCONSEIL.

Il serait vrai!... Mais le bracelet?...

FONBOUILLANT.

Je l'ai acheté avec les cinq cents francs que vous m'avez
prêtés. (Il lui rend le bracelet.)

MAUCONSEIL.

Et cette lettre?...

FONBOUILLANT.

Eh bien! « Porter la femme d'un ami dans son cœur, »

---

[*] Fonbouillant, Mauconseil, Patochard, madame Mauconseil, Henriette.
[**] Mauconseil, Fonbouillant, madame Mauconseil, Henriette, Patochard.

est-ce un crime ? Alors tu étais mon ami... Tu ne l'es plus aujourd'hui. Je la bannis de ce sanctuaire !...

PATOCHARD.

Allons chez le notaire ! (Il veut entraîner Fonbouillant.)*

MAUCONSEIL.

Et moi qui soupçonnais ses intentions... lorsque tout à l'heure il a fait donation à ma fille de cinquante mille francs...

FONBOUILLANT.

Tout à l'heure,... c'est possible... parce que... mais maintenant je les donne au fils Patochard.

PATOCHARD.

Pour mon fils !... Il l'a dit ! Viens chez le notaire !

MAUCONSEIL.

Impossible,... l'acte est fait... J'ai accepté pour ma fille mineure.

FONBOUILLANT.

Ah ! nom d'un notaire !...

PATOCHARD.

Mais, il y a un moyen d'arranger tout ça !...

FONBOUILLANT.

Ah ! l'apothicaire a un moyen !... Voyons le moyen.

PATOCHARD.

C'est de faire prendre à Henriette...

FONBOUILLANT.

Quoi donc ?

PATOCHARD.

Mon fils pour mari. (A Henriette.) N'est-ce pas, Henriette, que ce mariage te convient ?

HENRIETTE.

Oui, mon oncle !

FONBOUILLANT.

Allons... pour cause des cinquante mille francs... je consens...

PATOCHARD.

Moi, je vais faire afficher le deuxième ban... Je m'étais muni des papiers nécessaires... l'extrait de naissance de mon fils...

---

* Mauconseil, madame Mauconseil, Fonbouillant, Patochard, Henriette.

FONBOUILLANT.

Donne... donne!... (Il les lui prend.)

PATOCHARD.

Pourvu qu'il ne s'aperçoive pas...

FONBOUILLANT, le prenant. Il lit.

Ah! grand Dieu!... mais les dates s'y opposent... ça n'est pas ça!...

MAUCONSEIL.

Qu'est-ce qu'il a?

FONBOUILLANT, prenant Patochard à part.

Comment se fait-il, que marié en 1839, vous ayez un fils né en 1836?... C'est un anachronisme...

PATOCHARD, bas.

Chut! Je connaissais Anastasie depuis longtemps, et en lui faisant la cour...

FONBOUILLANT.

Ah! ah! vous faites l'escompte?... (Haut.) Mais alors j'y songe... je me suis encore trompé... d'enfant... Pourtant ce portrait... ce fallacieux portrait... ce sont bien ses traits... c'est elle, j'en suis sûr!...

MADAME MAUCONSEIL.

C'est celui de ma sœur... Amanda. *

FONBOUILLANT.

Une troisième Truchelu... encore!... Mais c'est la tribu des Danaïdes... Mais attendez donc!... *Amanda*, c'est toujours cela : A. T... Et, elle a sans doute un fils, une fille?...

MADAME MAUCONSEIL.

Elle est demoiselle...

FONBOUILLANT.

Oh!... demoiselle!... n'importe!... Mais alors elle est libre! libre!... (A Mme Mauconseil.) Et c'est bien la dernière?...

MADAME MAUCONSEIL.

Oui, monsieur.

FONBOUILLANT.

Et elle était à l'Ambigu... Allons, je l'épouse!...

MAUCONSEIL.

Pour ma part, j'y consens!... puisque nous gardons les cinquante mille francs.

FONBOUILLANT.

Ah! mais non!...

* Henriette, Mauconseil, madame Mauconseil, Fonbouillant, Patochard.

**MAUCONSEIL ET PATOCHARD.**

Ah! mais si!

**FONBOUILLANT.**

Pardon... Toute donation est révocable pour cause de survenance d'enfants...

**PATOCHARD.**

Ah! mais non!..

**FONBOUILLANT.**

Mais si!... Si vous connaissez votre codex, je connais mon code!

**MAUCONSEIL ET PATOCHARD.**

C'est juste...

**FONBOUILLANT.**

Et j'en aurai des enfants... oui, Amanda... nous en aurons!... ah!...

**CHŒUR.**

Air :

Faveur peu commune,
Unis, grâce au sort,
L'amour, la fortune
Nous mettent d'accord.

**FONBOUILLANT.**

Air : *J'en quette.*

Je n'ai pas sauvé la patrie,
Mais constatez qu'en un seul jour
Deux fois je lui sauvai la vie
Qu'il m'a resauvée à son tour,
Vous l'avez vu... l'écart de ma jeunesse,
Je cherche à le sauver aussi...
Quand j'ai sauvé tant de choses ici
Je voudrais bien sauver la pièce.

**ENSEMBLE** (reprise).

Faveur peu commune, etc.

FIN